AF217259

Zombert

und die Zahnfee Pupsinella

Kai Pannen

TULIPAN VERLAG

Es gibt Feen und Elfen.

Sie sind wunderschön und duften
wie Blumen.

Immer sind sie freundlich und hilfsbereit.

Sie lieben das Licht und die Sonne.

So glauben die Menschen.

Es gibt aber auch üble Monster.

Geister, Vampire, Trolle und … Zombies.

Sie spuken auf dem urururalten Friedhof

herum.

Es sind Gestalten der Finsternis und Kälte.

So glauben die Menschen.

Regenwetter

Zombert ist zwar so ein Monster,
doch er liebt das Licht und die Sonne.
Leider ist es auf dem Friedhof grau
und kalt.
Denn es regnet schon den ganzen Tag.

Deshalb bleibt Zombert heute in seiner
gemütlichen Gruft und übt Jonglieren.
Da tanzen nicht nur die Bälle.

Plötzlich fliegt die Tür auf und Konrad
stürmt herein.
Er ist Zomberts bester Freund und
besucht ihn fast täglich.
„Guck mal, ich habe einen Wackelzahn!",
ruft Konrad aufgeregt.

„So jung und schon Zahnausfall?",
fragt Zombert.

„So jung und schon Armausfall?",
entgegnet Konrad.

„Oh, hoppla. Da habe ich wohl nicht
aufgepasst", bemerkt Zombert und
sammelt seine Arme wieder ein.

Konrad bewundert einen alten Kompass.
„Von einem gesunkenen Piratenschiff",
erklärt Zombert.
„So einen hätte ich auch gerne", murmelt
Konrad leise und wackelt weiter an
seinem Zahn.

„Er will einfach nicht rausfallen", jammert er.

„Kein Problem. Ich helfe dir", verspricht Zombert.

Er spannt einen langen Faden kreuz und quer durch die Gruft.

„Hier, leg die Schlinge um deinen Wackelzahn", sagt Zombert.

Dann setzt er seine Zahnzieh-Erfindung
in Gang.
Und schwuppdiwupp!
Ehe Konrad etwas merkt, ist der Zahn
auch schon gezogen.

Müffelnder Besuch

Konrad und Zombert jubeln.
Waldi bellt und Plapperkai krächzt:
„Applaus, Applaus! Der Zahn ist raus!"
Plötzlich macht es laut „Pfffffffsch".
Eine kleine Wolke vernebelt den Raum.
„Puhhh, wie das müffelt", stöhnt Konrad.

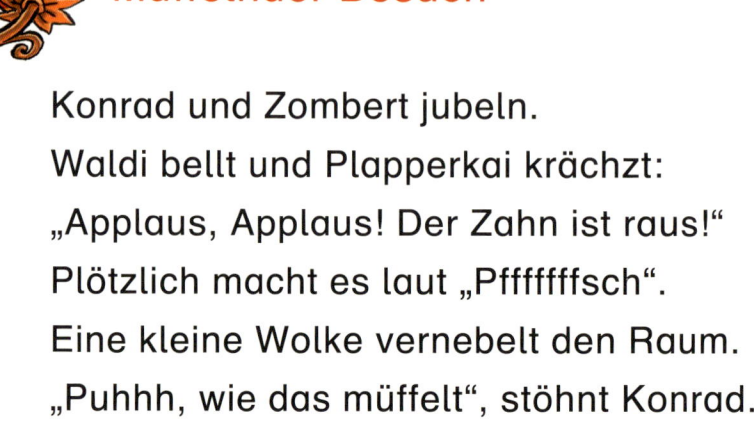

In der Wolke flattert etwas.

„Was für eine dicke Libelle", staunt
Zombert.

„Dicke Libelle? Eine zarte Fee bin ich",
schimpft die kleine Gestalt.

„Eine ziemlich übel riechende zarte Fee",
stichelt Konrad.

„Wie heißt du? Was machst du hier?",
fragt Zombert.
„Pupsinella ist mein Name. Ich soll den
losen Zahn holen", trällert die Fee.
„Was willst du mit meinem Zahn?",
wundert sich Konrad.
„Das weiß doch jedes Kind! Ich bin die
Zahnfee", stöhnt Pupsinella.

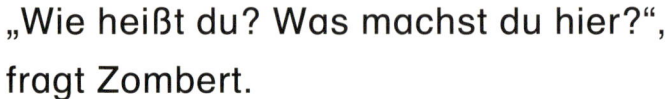

„Muss der Zahn nicht erst unters
Kopfkissen?", fragt Konrad.
„Eigentlich schon. Aber ich mache heute
mal eine Ausnahme. Also, her mit dem
Ding!", befiehlt Pupsinella und wirft
Konrads Zahn in einen kleinen Beutel.

„…142, 143 und …144 Zähne", zählt sie.
„Geschafft. Endlich habe ich meine
Strafaufgabe erfüllt!"

„Was hast du denn angestellt?", fragt
Zombert.
„Einen Rosengarten mit Stinkepulver
verzaubert", gesteht Pupsinella.
„Und jetzt darfst du wieder eine Libelle
sein?", erkundigt sich Zombert.
„Neiiiiin, eine Rosenfee!"

Da macht es plötzlich „pröÖÖÖöt"
und Pupsinella saust quer durch die Gruft.
„Uiuiui, wie Rosen duftet das aber nicht",
stöhnt Zombert.
„Na ja, noch bin ich Zahnfee",
entschuldigt sie sich.

„Bekomme ich kein Geschenk für meinen
Milchzahn?", fragt Konrad.
„Dafür bist du doch schon viel zu groß,
oder?", entgegnet die Zahnfee.
„Na-na-na ja, ja stimmt", stammelt
Konrad enttäuscht.
„Prima, dann kann ich ja jetzt abdüsen",
sagt Pupsinella.

Das Feenzimmer

Sie packt den Zahnbeutel und flattert los.
Aber was ist das?
„144 Zähne! Da ist einer zu viel. Jetzt
kann ich den Beutel nicht mehr tragen!",
ächzt sie. „Den krieg ich niemals zur
Oberfee. Keine Zähne, keine Rosenfee!"

Konrad hat Mitleid mit Pupsinella.
„Soll ich den Beutel zur Oberfee tragen?"
„Das ist sehr nett von dir", freut sich die Fee.
„Leider ist der Ort streng geheim. Und
auch etwas gefährlich. Dahin darf ich
nur alleine kommen. Aber jetzt muss
ich wohl hier bei euch einziehen und auf
ewig Zahnfee sein."

„Hier kannst du nicht wohnen",
ruft Zombert erschrocken. „Hier ist es
vieeel zu unordentlich für eine Fee!"
„Stimmt", sagt Pupsinella, „doch das
kann ich ändern."
Sie pustet bunten Feenstaub in den Raum.
Es funkelt und glitzert, blitzt und kracht.

„So, jetzt ist alles schön", ruft Pupsinella.
Waldi winselt ängstlich.
Plapperkai krächzt: „Hilfe, Hilfe, große Not,
hier ist alles rosarot!"

Pupsinella guckt sich zufrieden um.
Dann macht es schon wieder
„pRÖÖÖÖÖt" und sie hängt oben in der Ecke.
„Upsi, das war wohl ein Pupsi", trällert sie.
„Und jetzt spielen wir Einhorn und
Prinzessin."

Zombert und Konrad zucken zusammen.
„Wir müssen sie irgendwie loswerden",
flüstert Zombert. „Vielleicht kann
sie ja bei Ignaz wohnen."
„Beim mürrischen alten Friedhofswächter?",
fragt Konrad. „Der mag doch nicht einmal
Kinder!"

Zauberbohnen

Sie laufen geduckt über den Friedhof.
Plapperkai freut sich über seine fliegende
Freundin.
Endlich stehen sie vor Ignaz' Haus.

„Ich locke den Alten aus der Hütte.
Dann gehst du mit Pupsinella hinein.
Wenn sie drinnen ist, rennst du
blitzschnell wieder raus und machst
die Tür zu", erklärt Zombert seinen Plan.

Auf Zehenspitzen schleicht sich
Zombert heran.
Gerade will er die Glocke läuten,
da stürmt Ignaz zur Tür heraus.
„Donnerwetter, was für ein Getöse!",
ruft er und hält sich seinen Bauch.
„Ich hab doch noch gar nicht geläutet",
wundert sich Zombert.

Aber Ignaz beachtet ihn nicht.

Er saust vorbei und verschwindet im Klohäuschen.

Das ist die Gelegenheit.

„Nun kannst du ein Weilchen sitzen bleiben", kichert Zombert und verriegelt die Tür von außen.

„Du schimmelgrüner Lausebengel! Höllenwinde soll'n dich packen", donnert es von drinnen.

Neugierig betreten sie Ignaz' Haus.
„Hier müsste mal dringend gelüftet
werden! Es mieft ja wie im Kuhstall",
stöhnt Konrad.
„Was für ein Durcheinander. Da hilft
nur ein bisschen Zauberpulver", überlegt
Pupsinella laut.
Zombert entdeckt einen dampfenden
Kochtopf.

Er hebt den Deckel und schnuppert
in den Topf.
„Oh, wie lecker. Heute gibt es
Bohnensuppe!" Dann hat er eine Idee
und ruft: „Mit Z a u b e r b o h n e n !"
Davon soll Pupsinella ganz viel essen.

„Danach hast du genug Kraft, um den
Zahnbeutel abzuliefern. Dann bist
du wieder eine Rosenfee", verspricht
Zombert ihr.
Pupsinella probiert einen Löffel.
Dann noch einen.
Und noch einen.
Bis der Teller leer ist.

Nach dem dritten Teller stöhnt sie:
„Von wegen Zauberbohnen.
Schwer wie ein Stein fühle ich mich.
Und Steine können nicht fliegen."
„Lasst uns lieber draußen auf die
Zauberwirkung warten", drängelt
Zombert.

Abflug

Nichts passiert.
Pupsinella schimpft und spottet:
„Das waren gar keine Zauberbohnen.
Du hast mich veräppelt!"
Plötzlich grummelt und bollert es.
Pupsinella bläht sich auf wie ein Ballon.
„Und dick machen diese Bohnen
auch noch!", zetert die Fee.

Dann dröhnt es ganz laut:
„PrröööööÖÖÖt".
Und Pupsinella schießt hoch in die Luft.
Mit dem schweren Beutel.
„Juchhuuu, jetzt versteh ich den Zauber
der Bohnen. Lebt wohl, Jungs! Heute
werde ich wieder Rosenfee", jubelt sie
und zischt davon.
„Wie eine Rakete", staunt Konrad.
„Wie eine übel riechende Rakete",
fügt Zombert hinzu.

„Jetzt müssen wir nur noch Ignaz befreien",
sagt Zombert.
„Und wie wollen wir den Riegel öffnen,
ohne dass er uns erwischt?", fragt
Konrad.
„Mit einer Zahnzieh-Maschine!",
schlägt Zombert vor.

Die ist im Nu fertig und Zombert muss
nur noch ein Stöckchen werfen.
Es saust und rasselt, klappert und
rappelt.
Doch die Tür bleibt zu.
Dafür fliegt ruckzuck das ganze
Klohäuschen davon.
„Potzblitz und Donnergrollen. Besser,
ihr verduftet mal ganz flott", schimpft der
alte Ignaz.

Pupsinellas Andenken

Am Abend liegt Konrad zu Hause in
seinem Bett.
Er kann nicht einschlafen.
Irgendetwas liegt unter seinem Kopfkissen.
„Ein Kompass!", jubelt er. „Den hab ich
mir so gewünscht!"

Und auch Zombert freut sich.
Da rankt ein prächtiger Rosenbusch an
seiner Gruft.
„Wie wunderschön die Rosen blühen",
sagt er und schnuppert an einer Blüte.
Plötzlich wird er noch ein bisschen
grüner im Gesicht.
„Buaaaaah, pfui, das ist doch kein
Rosenduft! So riecht nur eine – Pupsinella!"

Und Ignaz? Der findet so langsam Gefallen an seiner neuen Inneneinrichtung.

Kai Pannen wurde am Niederrhein geboren. Er studierte Malerei und Film in Köln und arbeitet heute als Autor, Illustrator und Trickfilmer. Er hat zahlreiche Bücher für verschiedene Verlage illustriert und schreibt mittlerweile auch seine eigenen Geschichten. An der Animation School Hamburg war er Dozent für Animation und Storyboard. Daneben betätigt er sich als Produzent für animierte Kinderkurzfilme. Kai Pannen lebt mit seiner Familie in Hamburg. www.kaipannen.de

Besucht uns auf ⬜ Facebook und ⬜ Instagram!

TULIPAN-Newsletter
Tolle Lesetipps kostenlos per E-Mail!
www.tulipan-verlag.de

2. Auflage 2024
Copyright © 2019 Tulipan Verlag
In der Penguin Random House Verlagsgruppe GmbH
Neumarkter Straße 28, 81673 München
Alle Rechte vorbehalten
Text und Bilder: Kai Pannen
Druck: Grafisches Centrum Cuno
GmbH & Co. KG, Calbe
ISBN 978-3-86429-431-0

FSC
www.fsc.org
MIX
Papier | Fördert
gute Waldnutzung
FSC® C043106

Penguin Random House
Verlagsgruppe
FSC ® N 001967

TULIPAN ABC – Literatur für Erstleser

„Ungewöhnlich und literarisch anspruchsvoll – so präsentiert
sich das Erstleseprogramm des Tulipan Verlags."
spielen und lernen

Lesestufe A ab 6 Jahren

Lesestufe A ab 6 Jahren

Lesestufe B ab 7 Jahren

TULIPAN-Newsletter
Tolle Lesetipps kostenlos per E-Mail!
Mehr auf www.tulipan-verlag.de